Marta Pessarrodona

Confession

Translations from the Catalan

Copyright © Catalan originals 1998
Marta Pessarrodona

Copyright © translations 1998
Poetry Ireland/Éigse Eireann *and* The Tyrone Guthrie Centre.

Poetry Ireland Ltd./Éigse Éireann gratefully acknowledges the assistance of The Arts Council/An Chomhairle Ealaíon, the Arts Council of Northern Ireland and FÁS.

The Arts Council
An Chomhairle Ealaíon

ARTS
COUNCIL
of Northern Ireland

The International Translation Network is also grateful for funding from

 The Ariane Programme of the European Union

 Northern Arts, Newcastle upon Tyne

ISBN: 1-902121-15-5

Series Editor: Theo Dorgan
Typesetting: Sheila Phelan
Graphics: Niamh Morris
Cover Design: Pearse O'Reilly at Fever
Cover Photographs: Ray Butler

Printed in Ireland by ColourBooks Ltd., Baldoyle Industrial Estate, Dublin 13.

Poetry Translation Seminars at
The Tyrone Guthrie Centre, Annaghmakerrig

In association with partners in a number of other countries, Poetry Ireland together with The Tyrone Guthrie Centre have been organising seminars for the translation of contemporary poetry since 1990.

These seminars have been conducted with the financial assistance of both Arts Councils in Ireland, the Ariane programme and, for some years, Northern Arts in the UK.

Two poets from a participating country are invited to Annaghmakerrig for one week and in the company of interpreters have their work translated to English by a team of up to ten poets, most of them Irish but including two British poets nominated by Northern Arts. The aim of the seminar is to produce in a week sufficient poems to enable Poetry Ireland to publish a bilingual volume of each guest poet's work. Reciprocal seminars are organised in the other participating countries, with teams assembled to translate and publish the work of Irish poets. The partner organisations in the network at present are based in Catalonia, France, Portugal, Italy, Turkey and Israel.

Our aims are these: to make available to readers in a number of countries a substantial body of work translated from other languages, reflecting and intervening in the rich mix of cultures which is our characteristic late-twentieth century experience; to introduce poets to the experience of translating and being translated in poet-to-poet encounters; to promote in the participating countries a lively interest in, and commitment to, the exploration of other cultures, other literatures. We have found that what separates us is at least as interesting as what we have in common. It is our hope that the sense of provocative encounter, of other worlds we can touch if not fully inhabit, is at least as lively for the reader as it has been for those of us translating and being translated.

— Theo Dorgan
Series Editor

European Network for the Translation of Contemporary Poetry

Fondation Royaumont
95270 Asnières-sur-Oise, France.

Künstlerhaus Schloss Wiepersdorf
Bettina von Anim Strasse 13, 14913 Wiepersdorf, Germany.

Poetry Ireland
Bermingham Tower, Dublin Castle, Dublin 2, Ireland.

The Tyrone Guthrie Centre
Annaghmakerrig, Newbliss, County Monaghan, Ireland.

Helicon Society For The Advancement Of Poetry In Israel
P.O. Box 6056, Tel Aviv 61060, Israel.

Marcos Y Marcos
Via Settala 78, 20124 Milano, Italy.

Casa De Mateus
5000 Vila Real, Portugal.

Revista Poesis
Str. Al. I Cuza nr. 2, Satu Mare 3900, Romania.

Ediciones Hiperion
Calle Salustiano Olozaga 14, 28001 Madrid, Spain.

Institucio De Les Lletres Catalanes/Editorial Columna
Carrer Tarongers 27, 08790 Gelida, Barcelona, Spain.

Baltic Centre For Writers And Translators
Uddens Grand 3, Box 1096, 621 21 Visby, Sweden.

Association Le Divan
Ipek Sokak no. 9, 8060 Beyoglu, Istanbul, Turkey.

Northern Arts
10 Osborne Terrace, Jesmond, Newcastle-Upon-Tyne NE2 1N2, United Kingdom.

Contents

Come D'Annunzio	4	*Come D'Annunzio*
A Penny for the Old Guy	6	*A Penny for the Old Guy*
Setembre 30	10	*September 30th*
Confessió	12	*Confession*
Per Maria Antònia, Caterina i Clementina . . .	14	*For Maria Antonia, Caterina and Clementia . . .*
Qui te Por de T.S. Eliot?	16	*Who's Afraid of T.S. Eliot?*
Tu, a Mikonos	18	*You, on Mikonos*
Slussen, Stockholm	20	*Slussen, Stockholm*
No, Roger, No	22	*No, Roger, No*
Bella Dama Coneguda	24	*A Beautiful Lady*
Coses Que M'estimo	26	*Things I Love*
Christine W.	28	*Christine W.*
Mrs. X	30	*Mrs. X*
Colom a una finestra de Barcelona	32	*Pigeon at a Window, Barcelona*
Fluntern	34	*Fluntern*
Weissensee	36	*Weissensee*
Oswiecim i Brzezinka, Un Migdia	38	*Oswecim and Brzezinka, Afternoon*
Anna Gorenko	42	*Anna Gorenko*
Le Mal de Vivre	46	*Le Mal De Vivre*
A Cartago amb música de Purcell	48	*Carthage to the Music of Purcell*
	52	Biographical Note

Come D'Annunzio

Vocació la teva de dissort.
Quan t'abraço

penso desfer tants de malsons,
d'angúnies, de litres
escolats en tolls inexplicables.

I ploro
(allò que als catorze anys
vaig prometre de no fer).

Els dies són ja sols vertigen
morint i morint obstinats.
Amor, amor, única treva,
difícil conquesta contra tu,
contra la teva irremeiable fe
de solitud sense tòpics,

de sofriment que puc veure
des d'una tendresa estèril,
escoltant les rialles glaçades,
i l'estúpid soroll de fal.leres
massa quotidianes.

Come D'Annunzio

Misfortune is your calling.
When I embrace you

it is to dispel so many nightmares,
anxieties, gallons
drained away in inexplicable pools.

And I cry
(the very thing at fourteen
I promised not to do).

Only vertiginous days now
obstinately dying and dying.
Love, my love, the sole truce
and difficult conquest over you,
over your incurable faith
in solitude beyond cliché,

in suffering seen
from a barren tenderness,
listening to frozen laughter,
and the idiot noise of obsessions
all too quotidian.

A Penny For The Old Guy

Per un carrer qualsevol,
una nena ben vestida
em demana, tímida: "A penny for the old guy".

Em veig entre flames, símbol d'un poble
increïble. Ahir, per Salthouse Lane, de nit,
amb poca llum, apressant-me entre la fosca,
algú va dir-me totes unes lletres juntes.
No vaig pas girar-me: jo podia ser l'old guy de sempre,
sense cap desig de destrucció en els meus actes.
Salthouse Lane és fosc, és per a mi el cada dia,
i no és res meu, res. I només hi havia una veu
que cridava el meu nom i que jo no comprenia.
Ho puc recordar entre flames que atia la gent
que he cregut tan amiga. Acompleixen un deure,
cal dir-ho. I jo, nosaltres, acomplim el nostre
destí: destrucció, brases. I ja no seré mai més
l'únic testimoni d'una conversa de tres (era
una tarda tranquil.la i parlàvem de tot i de res.
Marià, Gabriel, fins que el gin va degollar-la).
I tinc temptacions de dir-los que no celebrin més
aquesta festa profana: sóc aquí, vull ser-hi,
obeir tots els ritus que calguin. "Res no és teu",
em repeteixen. I res no és ben meu, em repeteixo.

A la nit, quan he atès ja la casa, acabada la por
per Salthouse Lane, i tot, tot funciona
(res no és el que em pertoca, recordem-ho), obro un llibre
que em va donar una milanesa de nom ben eslau.
Les lletres són més properes: *avrà i tuoi occhi,
avrà i tuoi occhi*, llegeixo. Intentaré de
convèncer-los: no escriuré cap més carta, ni
llegiré als matins les notícies per a ells estrangeres.
Unic testimoni d'aquella conversa, sobreviure
és la sola venjança. No, no esperaré mai més
l'home que du paraules quan tot és ple de rosada.

A Penny For The Old Guy

It could be in any street at all,
a well-dressed little girl
stops me, timidly: "A penny for the old Guy".

I see myself amidst the flames, symbol of a difficult
people. Last night, along Salthouse Lane,
in dim light, hurrying through the dark,
somebody suddenly spouted a string of letters at me.
I brushed past: I might have been that harmless old Guy.
Salthouse Lane is dark, part of my everyday life
but not really mine at all. Only one voice
spoke my name, and I didn't understand it.
I remember it now among the fires stoked by people
I had thought good friends. They follow tradition,
it must be said. And I, we, follow our
fate: destruction, embers. I am the last
witness to our conversation (it was
a peaceful evening, the talk was of everything and nothing.
Maria, Gabriel, until gin cut the head off the evening).
I am tempted to say to them, give up these profane rites.
But, I am here by choice, I will comply with the necessary rituals.
"Nothing of this is yours", they say over and over.
"Nothing is mine", I repeat to myself.

At night, when I have reached home, and the fear
of Salthouse Lane is past, and everything, everything works
(nothing is mine, let's not forget), I open a book
given to me by a Milanese woman with a Slav name.
So appropriate now, the words: *avra i tuoi occhi,
avra i tuoi occhi*, I read. I should try to win them over,
I will write no more letters home, give up
my foreign news in the morning.
Last witness to that conversation, to survive is to cheat death.
I will wait no more for the carrier of words,
who comes in the frozen morning.

Faré tot el que diguin. (Les flames ja són
massa altes i ningú no pot deturar-les. Elles,
potser, em tornen a les coses que són meves.
És just, és una tradició i cal que ho facin.)

La nena repeteix: "a penny for the old guy".
Al seu costat, el ninot sense cara, parracs
només. Miro el portamonedes i li ho donaria tot.
Potser, però, no puc aviciar criatures nòrdiques.
I li dono un penic, i segueixo el meu camí.

I will do everything they tell me. (The flames are too
high now, no-one can hold them back. Perhaps
they will bring me back to the things that are mine.
It is only right, it's a tradition, they have to do it.)

She speaks again: "A penny for the old Guy",
the faceless doll at her side no more than rags.
I reach for my purse, would give her everything in it
but I must not spoil these Northern children —
I give her a penny, I go on my way.

* *Verra la morte e avra i tuoi occhi* : Death will come and have your eyes — Cesare Pavese

Setembre 30

Per si algun dia no pots creure res
d'allò que de mi et diuen,
i els mesos d'hivern són més llargs que mai
o la calor enganxosa d'estiu dura massa.

Recorda: ens vam estimar.
No vam sentir ni rellotges, ni campanars,
ni timbres, ni telèfons, ni la remor
de l'amor nostre ferint-ne d'altres.

Per si algun dia no puc creure res
teu — una imatge com tantes
en la multitud imbècil d'un còctel —
i te m'acosto, i emmudeixo, i corro.

Recordaré: ens vam estimar.
Una guspira ho va encendre;
i el foc cremava com abans,
i després era bo de veure les brases.

Per si algun dia ens sembla
una anècdota, només un incident.
Recordaré: vaig sentir-me viva,
encara que m'entesti,
per sempre més, a negar-ho.

September 30th

In case some day you should find yourself
unable to believe what they say about me,
and the Winter nights are longer than ever
or the sticky Summer heat goes on too long,

remember this: we loved each other.
We were deaf to clocks, to bells and buzzers,
to the telephone — to those wounded
by the murmur of our love.

In case some day I should find myself
unable to believe what they say about you —
just another face in the idiot crowd at a cocktail party —
and walk up to you, fall silent, turn away,

I will remember this: we loved each other.
The spark caught
and the flames leaped,
even the embers were beautiful.

In case some day this should become
no more than an anecdote, an incident,
I will remember: I felt alive,
even if I go on denying it forever.

Confessió

Si fos sincera escriuria un bolero,
i fins i tot més, un tango.
Sóc, però, catalana i,
ja se sap, als armaris familiars,
en comptes d'esquelets elegants
d'avantpassats tarambanes,
dec tenir-hi un capellà o altre,
poc avesat als sermons de vi que,
a la fi, són els únics que valen.
De no poder ser ni boleros ni tangos,
recer prendria a l'humor britànic,
o a la sofisticació d'una jueva ianqui.
O, en darrer terme, em sucaria tota
en la vehement memòria proustiana
(enterrada i com cal honorada
l'adolescent febre sartriana).
En un bolero diria: com jo t'estimo
no t'estimarà mai cap d'altra
(i ho cantaria una dona perdent
les pestanyes prop d'una copa alta).
Per a un tango escriuria:
ja mai més no podré oblidar-te
(i ho ploraria un "sanjuanino"
lleument calb i de bigoti ample).
Si fos sincera escriuria un bolero,
i fins i tot més, un tango.

Confession

I would love to write a bolero,
or better still, a tango.
But I am Catalan,
more priests than rogues
in the ancestral cupboard;
not even the sort who'd know
how to preside in the rituals
of drink — the only kind,
in the end, that really matter.
If I can't have boleros or tangos
I'll go for the stiff upper lip,
the New York matron's wisecrack or
as a last resort, steep myself
in Proustian recall
(goodbye to Sartre, a decent burial
for that adolescent fever).
In a bolero I would say: no one
will ever love you again as I love you
(it would be sung by a woman
losing her false eyelash
in a highball glass).
In a tango I would write:
(and a slightly-balding, moustachioed
musician from San Juan
would sob it out).
I would love to write a bolero,
better still, a tango.

Per Maria Antònia, Caterina i Clementina i tantes no moltes, d'altres

Sabia que vosaltres podíeu,
malgrat moltes coses,
explicar-nos sempre
fragments d'allò que volíem.

Sabia que vosaltres sabíeu
molt més del que vau escriure;
que vau ser més agosarades
que la valentia que us calia.

Sabia que hi havia,
rere tants frens, tantes traves,
tantes portes doctes i tancades,
una deu on apaivagar set i gana.

Sabia que calia cercar-vos
(furgar per edicons no gens assequibles)
llegir-vos, fidel i atenta, a vosaltres
precedents de la nostra mala vida.

For Maria Antonia, Caterina and Clementia and so many, but not that many, others

I knew that you could,
despite a lot of things,
always explain to us
fragments of what we wanted.

I knew that you knew
far more than you wrote down,
were more daring, even,
than could have been expected.

I knew that there was, behind
so many obstacles, so many bolts,
so many doors, learned and locked,
a spring to ease thirst and hunger.

I knew that you had seeds of everything
(I've almost always known it)
beyond the patronising silence —
it kept my style plain.

I knew I had to search you out
(rummage for out-of-print books),
to read you attentively, closely — you,
forerunners of our fallen lives.

Qui Te Por De T.S. Eliot?

Feliç qui sap
desitjar un cos
amb l'ànsia que t'ofreno.

Feliç qui sap
escriure sempre — i seduir en escriure'l —
com al primer poema.

Feliç qui sap
córrer pels boscos, estimar els arbres
i tornar amb la sentor d'espígol.

Feliç qui sap
resseguir un cos, i recordar-lo
en el tacte, i dibuixar-lo en el somni.

Feliç qui sap
anar a la mar i tornar
per dir-te, tan sols, que t'estima.

Feliç qui sap
estimar, tan humilment
com jo voldria.

Who's Afraid of T.S. Eliot?

Happy are those
who desire a body
with the passion I offer you.

Happy are those
who can always write — and seduce —
as in the first poem.

Happy are those
who run free in the woods,
and return scented with lavender.

Happy are those who caress
a body, remember it on their fingers,
and can draw it in dreams.

Happy are those who interrupt
a walk by the sea, only to come
and say they love you.

Happy are those
who love as humbly
as I would wish to.

Tu, A Mikonos

Sabeu, jo no passo de res;
no passo gens de l'amor
que pots donar-me, de tot
el que podem estimar encara.

Sabeu, jo no passo de res;
ni de mirar-me al mirall
(d'això, algú me n'ha dit,
potser en el cert, escriure el poema).

Sabeu, jo no passo de res;
ni de la música que faig sonar
perquè ets lluny, molt lluny
i t'apropo d'aquesta manera.

Sabeu, jo no passo de res;
ni de la impossibilitat
d'emmudir la música
per escriure, tan sols, el poema.

Sabeu, jo no passo de res;
ni de l'enyor que m'he trobat
cada dia; ni de les ganes de tu,
de repetir la nostra melodia.

You, on Mikonos

I *do* give a damn about things, you know —
I certainly care about the love
you give me, about all
we will love together.

I *do* give a damn about things, you know —
I am willing to look at myself in the mirror.
(Somebody told me once, perhaps rightly,
that's all writing poems is).

I *do* give a damn about things, you know —
even the music I play
only because you are far away,
meaning to bring you close.

I *do* give a damn about things, you know —
I am even prepared
to switch off the music
in order to write a poem.

I *do* give a damn about things, you know —
I say yes to the yearning I feel,
to my longing for you,
to wanting to play that damned tune again.

Slussen, Stockholm

Vés a saber si ha estat la primavera
o tenir prop el Malaren i el Saltsjön,
o el cartell *Finland Station*
amb la memòria del poema d'Auden
(un llibre és la síntesi
d'un munt de llibres llegits,
van dir-me un dia).

Vés a saber si ha estat
el vell pub a les escales de Slussen
o el record de les teves mans,
úniques; mans que no voldran
tancar-me els ulls cap al no-res,
dient-me que vaig tenir més,
molt més del que pertocava.

Vés a saber si ha estat el Nord,
simplement, o un sol increïble
el que m'ha trobat, sorpresa,
davant d'un antiquari de Horsegatan,
dient les paraules més senzilles,
les úniques que poden explicar
el molt que, com ahir, t'estimo.

Slussen, Stockholm

Maybe it is the Spring
or the Malaren and the Saltsjon nearby,
or the sign saying *Finland Station*;
maybe it's the memory
of that poem of Auden's
(each book is the sum
of many books you've read
or so I've heard).

Maybe it is the old pub
on the steps at Slussen,
or the memory of
your remarkable hands
(hands that will not close
my eyes at the end)
telling me I have had more,
much more, than was my due.

Maybe it's just the North,
this incredible sun,
which has me standing here, surprised,
in front of a Horsegatan antique shop
saying the simplest words,
the only words which can explain
how very much, still, I love you.

No, Roger, No

i.m. Roger Carbonell i Curell

Per la memòria amorosa
que els teus et tenen,
et donarem la raó,
però ens caldrà negar-te.

No et volíem sols per combatre
la nostra Desconeguda, la Inevitable:
ens calies contra la sordidesa humana
més esfereïdora que la teva agonia,
més vulgar que la rotunditat d'un gest
o la tragèdia, per tots, d'un acte.

Per la memòria amorosa
que els teus et tenen,
ens queda la vida per plorar-te
i fer-te viure i estimar-te.

No, Roger, no,
et donarem la raó,
però ens caldrà negar-te.

No, Roger, No

i.m. Roger Carbonell i Curell

Because of the fond memory
in which your family holds you,
we'll concede your right to act
but still we must say no.

It wasn't just that we needed you in our
struggle against the Unknown, the inevitable:
there was also the battle against human squalor,
even more terrible than your private agony,
if more commonplace than the finality of a gesture,
the tragedy, for all, of such an act.

Because of the fond memory
in which your family holds you,
we have a lifetime to mourn you,
to bring you again to life, and love you.

No, Roger, no,
we concede your right to act
and yet — we'll have to refuse you.

Bella Dama Coneguda

i.m. Amàlia Soler

Us veig en una foto antiga:
éreu jove i bella
i dúieu el poeta, aleshores
infant, en braços.

L'escena era bonica
i amagava el déu salvatge:
divinitat abastament venerada
per vós i la vostra nissaga.

El meu record d'aquella tarda
— d'aquella foto esgrogueïda —
us fa amb un capell i un avió
— de quan en deien aeroplà — de paisatge.

M'apreciàreu perquè jo l'estimava
i jo us volia per estimar-lo,
per fer més clares unes ombres
que m'enterbolien certes imatges.

També us hauria volgut salvar,
com a ell, de les grapes inevitables.
Volia tornar-vos al retrat on ell
era innocent i vós jove i mundana.

Tots dos desaparegúereu sense acomiadar-vos,
deixant-me només el record,
aquest caos on he de cercar, sola,
les persones per estimar-vos.

A Beautiful Lady

i.m. Amàlia Soler

I see you in an old photograph:
you are young and beautiful
and you carry the poet, a small child
in your arms.

Such a pretty scene,
it conceals the savage god —
divinity much venerated
by you and your line.

I remember that afternoon,
that fading photograph,
you with a lovely hat, and an aeroplane
— they were still 'flying machines' then — in the background.

You liked me because I loved him,
in order to love him I needed you,
to get beyond certain shadows
which clouded certain images.

I wanted also to rescue you,
like him, from the inexorable grip.
I wanted to give you back the portrait in which
he is still innocent and you are cosmopolitan and young.

You both disappeared without saying goodbye,
leaving me only memory —
this chaos where, solitary, I search
for others in whom I may love you both.

Coses Que M'Estimo

Unes fotocòpies, potser esgrogueïdes,
d'uns poemes poc assequibles;
o la imatge d'escuma benigna
de la platja de quan era petita.

El so del piano un matí de diumenge
amb l'estrall del fred a la gespa;
o la tebior de la llum de maig
i la tendressa d'una primavera incerta.

El meu plor per la mort d'un estel,
anònim perquè la nit m'hi convida,
i les imatges de l'amor,
ni perdut ni finit, fent-me companyia.

La lluita per una causa,
sens dubte justa i digna,
i tot l'escalf de la mà sabuda,
perduda en mi i sense massa guia.

La mirada humida de la Nessa
i la seva sobtada alegria;
i les coses que no sé
i tots els desigs que tindré un dia.

Things I Love

A few photocopies, some faded,
of not very attainable poems —
or the image of gentle sea-spray
on the shore when I was a child.

The sound of the piano on a Sunday morning
with the cold devastating the grass;
the tepid light in May
and the tenderness of an uncertain Spring.

My emotion at the death of a star,
private, as only night invites me there;
the images of love,
neither lost nor finished, that stay with me.

The fight for a cause,
of course those fair and worthy;
all the comfort of a warming, known hand,
casually lost in mine.

Nessa's wet look,
her sudden happiness
and the things I do not know
and all the wishes I will have some day.

Christine W.

La vida s'escolava dolçament... Haviem acabat
una partida de snooker? *Vaig decidir no viure*... em
va dir. Campus de la Universitat de Nottingham,
bungalow del club. En un altre context, el meu, el
mediterrani, la versió, fins i tot en mans d'un traductor
graponer, hauria estat un suïcidi mai no portat
a terme. Prop del riu Trent, equivalia a una epilèpsia
domada des de la infància. A les antigues colònies
britàniques, potser, per una senyora plena de
perles, hauria estat la cloenda d'una anècdota: *El
capatàs el vaig assassinar* o... *Començava a resultar
un amant impertinent.* I jo retornaria d'amagat
la novel la de Somerset Maugham que havia robat
a la meva mare.

Christine W.

Life slipped sweetly away . . . Was it at the end of a game of snooker? "I made up my mind not to live . . ." she told me. Nottingham University campus, the club bungalow. In a different setting, mine, the Mediterranean, even in the hands of a clumsy translator this would have meant a suicide never committed. By the River Trent, it referred to an epilepsy tamed from childhood. In the old British colonies, for a lady bedecked with pearls, it might have been the closure of an anecdote: "I assassinated the foreman . . ." or "He was becoming an impertinent lover". And I would secretly return the Somerset Maugham novel I had stolen from my mother.

Mrs X

Sabia que, al cap de molt poc temps, no recordaria el seu
nom: *Welcome home*, em deia després de
qualsevol període de vacances, bo i parant el Hoover
per tal que el brogit no ensordís les seves ben
intencionades paraules. M'emocionava. *Thanks,
Mrs* . . . per més que sabia que no recordaria ni el seu
nom ni la seva cara. Aquell passadís de facultat
universitària, un matí orfe encara d'alumnes, de
savis, de rucs amb títols, tan desert com un teatre
abans de l'assaig, com una capella mitja hora abans
de la missa . . . Enyoro aquell ritual.
 Mrs X, sigui tan bona que, on sigui, transmigri
en d'altres dones de la neteja que m'he de trobar . . .

Mrs. X

I knew after a while I would not remember her name. "Welcome home", she would say nicely after the holidays, and she would stop the Hoover so the sound would not muffle her well-meant words. It moved me. "Thanks, Mrs . . ." even though I knew I would not remember either her name or her face. I miss the ritual of that University corridor, on a morning still bare of students, of the learned, of asses with titles, as deserted as a theatre before rehearsals, like a chapel half an hour before mass . . .

Mrs. X, wherever you are, be a saint and appear in other cleaning ladies whom I have yet to meet.

Coloma una finestra de Barcelona

Tenia exactament els teus ulls. Què volies dir-me?

Pigeon at a Window, Barcelona

It had your eyes. What were you trying to say?

Fluntern

A l'ombra de Michael Furey. La figura pètria
sembla riure's, precisament, del mort i del qui el
vetlla. Hi ha una mena d'error: no és una escultura realista, és
l'encarnació d'un Franz Hals a la
coberta — Bibliothèque de la Pléiade — de l'obra
completa cartesiana. Missatge: Filla meva, *també tu
erraràs.* És a un cert cor d'Europa, d'una Europa
rica i exacta. Pàtria a la fi d'un apàtrida. La seva
ànima defalleix, la de l'altre. Nora també hi és,
etèria, amb somriure burleta de biografia recent
publicada. A Zürichberg no cau neu feble un tercer
dia de setembre, ni a través de l'univers, ni en la
suau davallada cap al seu darrer destí. En el gris
del matí, plouen mots damunt de tots els vius i de
tots els morts.

Fluntern

Under Michael Furey's shadow. The stone figure seems to mock the living and the dead. This is not so; (the sculpture is not real), it is the reincarnation of a Franz Hals on the cover — Bibliotheque de la Pléiade of the complete Cartesian works. Message: Daughter, you will also make mistakes. It is at one of Europe's many hearts, a rich and regulated Europe. Motherland at last of an exile. The soul still quenches, (that of the other). Nora is here too, ethereal, with an arch smile of a recent biography. No soft snow falls on the third day of September in Zürichberg, nor softly through the universe on the slow descent towards its final destination. In the grey light of morning, words rain upon all the living and the dead.

Weissensee

Veus les grans tombes, aixopluc i casa d'un nombre
important d'homes, dones, mainada. Era gent
que havia cregut que Berlín era, també, la seva
ciutat, la seva casa. Finals dels anys trenta. Al seu
moment, quan encara n'era hora, havia estat gent
que no havia sabut interpretar els crits d'un boig ni
la seva parafernàlia. Van viure-hi de forma ínsòlita:
talps improvisats amb l'amenaça d'una taca
groga que podia empastifar-los el cos, fins i tot
l'ànima. El lloc semblava segur, no hi enterrarien
ni els gossos del foll ni de la seva comparsa. Per a
les innocents bestiasses dels gentils, per als seus
ritus funeraris, res de Weissensee, improvisat
habitacle. Tocava l'elegància de Charlottenburg, un
millor barri per a pompes públiques, fines les
funeràries. Avui, les grans tombes de Weissensee han
reconquerit les funcions que sempre es han estat
pròpies. Fa anys que ja s'han clausurat cuines
i cambrese. Els han crescut unes làpides germanes:
Auschwitz, Birkenau . . . i una munió de noms bíblics
per aquell apocalíptic escenari. Hi manca una llosa:
Walter —
    Pregunteu a la Mediterrània . . .

Weissensee

You see the large tombs, shelter and home to a great number of men, women and children. They were people who believed that Berlin was their city also, their home. Late thirties. At that moment, when there was still time, they could not believe the rantings of a madman, or his theatrics. They lived there in an extraordinary way: becoming moles under the threat of the yellow stain which could dirty their bodies, even their souls. The place seemed safe; there was no danger that they would bury the madman's dogs here, nor those of his lackeys. The improvised dwellings of Weissensee were not good enough for the burial rites of the Gentiles' innocent beasts. Elegant Charlottenburg was the place for this, a better neighbourhood for public functions, even for funerals. Today the large tombs of Weissensee are graves again. The kitchens and the rooms were sealed years ago. New tombstones have been raised for them: Auschwitz, Birkenau . . . and a host of Biblical names for that apocalyptic landscape. One tombstone is missing: Walter —

Ask the Mediterranean . . .

Oswiecim i Brezezinka, Un Migdia

Mai cap església
t'havia desvetllat
tanta devoció:
dissortat espai,
la teva fama
és sinistra i amarga.

Constant dolor
rera les pupil. les,
aquell migdia:
ignomínia del sol
i crueltat del blat tendre.
Les vies del tren.
avui, per sort, relíquies,
entren als forns,
com hi van entrar ahir,
quan ningú no va veure
ni sentir res,
ni a l'ànima ni a l'oïda.

Allò que tu saps i no vols oblidar,
no va existir,
excepte en els teus malsons,
després d'aquell migdia.
(S'enfila per la memòria
el Juvenal sarcàstic:
allí, certament, Europa
és una noia ben geperuda,
a desgrat de civades
i planes tan excessives.
Geografia de Shoah,
Shylock, vigila!)

Per si no ho sabies,
no hi ha res neutre,
menys, encara, la física.
Al temps que ningú no veia ni oïa,
Heisenberg, per exemple,

Oswiecim and Brzezinka, Afternoon

No church
has ever awoken
such devotion in you:
misfortunate place,
your fame is sinister and bitter.

Constant pain
behind the pupils
that afternoon;
ignominy of the sun,
cruelty of the tender wheat.
The train lines,
rusted over now,
still enter the ovens
as they did yesterday —
when nobody heard
or saw anything,
blind souls, deaf ears.

Following that afternoon
what you know,
what you are determined to remember,
did not exist
except in your worst dreams.
(Sarcastic Juvenal
springs to mind:
there if anywhere Europa
is a hunchbacked girl
in spite of the rich cornfields,
the luxuriant plains.
Geography of the Shoah,
Shylock beware!)

In case you did not know,
nothing is ever neutral,
physics least of all.
In the time of blind souls & deaf ears
Heisenberg, for example,

explicava una relativitat
molt relativa: silenci pel nom
d'un possible estadant del lloc,
una pedra, gloriosa i groga,
que resultava de tan mal averany
com el fum negre de cada dia.

No cal que confonguis, però,
els teus malsons:
la senyora Höss va gaudir
de l'indret i, en especial,
del servei abastable.
Era com el pagès que llaura
o els nens que juguen
a la tela de Brueghel.
Mentrestant, cau Ícar.
Després dels seus vells dies,
ja mai més no serà possible
la poesia lírica.

La història pot mentir
però sempre hi haurà
un munt de Shylocks
empeltats d'Ícar,
sense el talent
o la possibilitat
de fabricar ales.
Sempre hi haurà
miops senyores Höss,
polítics estafadors
i gent, entestada com tu,
en la memòria collectiva.

Mai cap església
t'havia desvetllat
tanta devoció:
dissortat espai,
ja tan sols reses
des d'aquell migdia.

taught a very relative
relativity, erasing a man's name —
a potential inhabitant of this place.
That patch, yellow and glorious,
as evil an omen
as the black, everyday smoke.
Let there be no confusion
in your nightmares:
Frau Hoss liked it
there, servants
so easy to come by.
Think of the peasant ploughing
in Breughel's canvas,
or the children at play.
Meanwhile, Icarus falls.
After her happy days,
lyrical poetry
will never be possible again.

History may fork up lies
but there will always be
a heap of Shylocks,
siblings of Icarus
with neither the talent for,
nor the means of,
fabricating wings.
There will always be the blind
like Frau Hoss,
and cowardly physicists
and people obsessed, like you,
with the collective memory.

No church
has ever awoken
such devotion in you:
misfortunate place,
that was the afternoon
when you began to pray.

Anna Gorenko

Després, sense el teu talent,
totes hem estat, més o menys,
mig monges i mig putes,
mig de claustre, mig de carrer.

No hem tingut el teu pudor:
ens ha mancat l'enginy
del secret gentilici,
el talent de sonora màscara.

El meu poeta no valorava
ni paons blancs,
ni música de missa,
ni rebregats mapes.

Com el teu, però,
la mainada cridanera l'atabalava,
i no es delia ni pel te amb melmelada
ni per histèriques dames.

El nostre temps, ben cert,
no ha estat tan patètic com el teu.
Per aquesta raó, potser,
t'hem de retre homenatge;
més encara pel teu vers,
d'agulles tan daurades;
per la teva saviesa,
que ni les traïcions amaguen.

També perquè t'han cantat més
que tots els versos que vas escriure;
tan gelosos, que volien immortalitzar-te
amb llapis i pinzells i càmeres;

i perquè sempre seràs
tan lluny i tan a prop
de les nostres conquestes,
de les nostres davallades.

Anna Gorenko

Since then, without your talent,
we have all been, mostly,
half nuns, half whores,
half-way between the cloister and the street.

We have not had your prudishness:
we lacked the armour
of a secret name,
the wisdom of your mask of sound.

My poet does not value
white peacocks,
religious music,
crumpled maps.

Like yours, though,
screaming children annoyed him,
and he had no taste for tea with marmalade
or hysterical ladies.

Our time has certainly
not been as terrible as yours.
Perhaps this is why
we pay you homage;
how much more
for your poems of golden spires;
for your wisdom,
which not even the treacherous deny.

You have inspired more poems
than you ever wrote;
envious artists have wanted to immortalise you
with pencils, brushes and cameras;
and because you will always be
so near and so far away
from all our triumphs
and our failures.

Després, sense el teu talent,
totes en hem sentit com tu,
mig monges i mig putes,
tant dies, tan repetides vegades.

Since then, without your talent,
we have all felt like you
half nuns, half whores
on so many days, at so many times.

Le Mal De Vivre

Els dilluns tenen
un no sé què de letal
i n'hi ha que, per reblar-ho,
pacten amb la Desconeguda.

Em diuen de la mort
d'un dona:
era l'amiga meva
o tan amiga com tota dona?

Hi ha una pressió
rera les pupil.les.
Em repeteixo:
has de ser feliç.

I sento la basarda
de ser encara viva.

Le Mal De Vivre

There is something sinister
about all Mondays
but some go further
and make a deal with the Unknown.

I hear about the death
of a woman:
was she a close friend of mine
or a friend like all women?

There is a pressure
behind my eyes.
I repeat to myself:
I must be happy.

And I feel the eeriness
of being alive.

A Cartago Amb Música De Purcell

A Carles Riba, en homenatge

No sé si amb un déu advers
vaig començar d'escriure . . .

(No sé si roman pols encara
en els vostres versos,
ostentosament arrenglerats
a les biblioteques
dels fabricants del meu poble.)

Sé massa bé, però,
que rera del mite hi ha dolor,
barbàrie rera la història.

Sé massa bé que Dido
és un paper en excés escaient
per qualsevol dona;

i Virgili i Ovidi
i vós mateix
podíeu cantar-la.

Sé que Pigmalió no és
un germà distint
de tants d'altres;
ni Eneas un amant
menys sedentari
que l'Ulisses
a qui donàreu veu nostrada.

Delenda est...?
No! Vós
heu estat
ben explícit:

Carthage to the Music of Purcell

in homage to Carles Riba

I do not know if under an adverse god
I began to write . . .

(I do not know if there is still dust
on your poems,
ostentatiously ranged
on the library shelves
of my town's industrialists . . .)

I know all too well, though,
that behind the myth there is pain,
barbarity behind history.

I know all too well that Dido
is a part excessively suited
to any woman —

Virgil and Ovid
and you yourself
could sing of her.

I know that Pigmalió
is a brother no different
to any other;

nor Aeneas a lover
less sedentary
than that Ulysses
to whom you gave our voice.

Delenda est . . . ?
No! You
have been
quite explicit:

"La Poesia, cal cercon se sap que és . . .",
sense coneixement, potser,
si amb un déu advers
vam començar o vam entestar-nos
d'escriure.

"We must look for Poetry
where we know it is . . .",
without knowledge, maybe,
and under an adverse god,
headstrong, we began
to write.

Marta Pessarrodona was born in Barcelona. She is a poet, prose-writer, dramatist and film script writer. She has also written numerous introductions and academic articles. Her books of poetry include *Setembre 30* (1969), *Vida privada* (1973), *Memòria i* (1979), *A favor meu, nostre* (1981), *Berlin Suite* (1985), *Homenatge a Walter Benjamin* (1989) and *Tria de Poemes* (1994). *L'amor a Barcelona* is forthcoming.